Алесь Дуброўскі-Сарочанкаў

Пешшу

Вершы

Aleś Dubroŭski-Saročankaŭ, *Pieššu : vieršy (Afoot : poems)*

Published by Skaryna Press, 2025
skarynapress.com

Дуброўскі-Сарочанкаў, А.
Пешшу : вершы / Алесь Дуброўскі-Сарочанкаў. — Лондан : Skaryna Press, 2025. — 148 с.

Рэдактар *Анатоль Івашчанка*.
На вокладцы выкарыстаны здымак аўтара.

ISBN 978-1-915601-44-5

Copyright © Алесь Дуброўскі-Сарочанкаў, 2025
Copyright © Skaryna Press, 2025

* * *

> ...Мая ежа ёсць тварыць волю Таго,
> Хто паслаў Мяне...
>
> *Евангелле паводле Яна 4:34*

Мая ежа — у бязмежжы
чатырох маўклівых сцен
белай келлі ў белай вежы.
Белы дзень і чорны цень...

Белы дзень пустой паперы,
чорны цень радкоў-шляхоў,
што вядуць-нясуць наперад
па-над немасцю снягоў —

праз марознае бязмежжа,
праз завею, напрасткі.
Мая ежа — пешшу, пешшу
працярэбліваць шляхі.

12 сакавіка 2023

* * *

Прывітанне, жыццё! Як жывецца табе ў гэтым жыце
на палях залатых?
Мабыць, мела ты рацыю: нельга чакаць адкрыццяў
на вакзалах пустых.

Цягнікі ўсіх развезлі — на дачы, у вырай, у бездань.
Змоўклі ўсе галасы.
І прыйшлося ісці пехатою па рэйках жалезных,
і распытваць лясы,

і распытваць палі з іх маўчаннем пшанічна-жытнёвым
пра жыцця майго след.
І вучыць як замежную тую таемную мову,
якой шэпча Сусвет.

27 лютага 2024

* * *

Дзялілася целам са мною зямля,
а я з ёй дзяліўся духам
і тайны расказваў садам і палям,
якія не тут падслухаў.

Маўчалі ў сумненні званочкі і мак
сярод магільных крыжоў,
а я ім расказваў, што смерці няма
там, адкуль я прыйшоў.

Я тайны расказваў і слухаў зямлі
незразумелы шэпт.
І ў сінюю немасць хвіліны плылі —
далей, і глыбей, і вышэй...

26 студзеня 2023

* * *

Як незакончаны аўтапартрэт,
на жаль падобны да арыгінала,
жыццё глядзіць на гэты белы свет
вачніцамі чарговага вакзала.

Уяўная бясконцасць цягнікоў,
шляхоў, сутоння і прадонняў зорных...
Уяўная надзея, без якой
на гэтым белым свеце надта чорна.

І так спяшаецца ўвесь белы свет,
і так імчацца цягнікі спацелыя,
што не паспееш свой аўтапартрэт
дамаляваць на шкле абледзянелым.

10–11 лютага 2023

* * *

Як можна — у пекле —
не верыць у рай?
Смяротныя лекі
прымаюць на ўра,
калі — ад жыцця,
ад віны, ад вайны;
калі забыцця
трэба ў пекле зямным.
Як можна не верыць
у моц усіх вер,
калі неймаверная
вера цяпер?

17 лютага 2023

* * *

Гарэў і не згараў
куст у пустыні.
Свяшчэнная гара
пад небам стыне.

Пад небам стыне кроў
зямных прарокаў.
Гарэла над гарой
не поўня — вока.

Не куст гарэў — вачэй
бяздонных смутак.
— Не падыходзь, хутчэй
знімі абутак!

Бо там, дзе *чуеш* ты, —
зямля святая.
Пракляцце глухаты
агонь знімае.

Гарэў і не згараў
бяздонны Голас...
Свяшчэнная гара
ў пустыні голай.

25 лютага 2023

* * *

> ...Ідзі з зямлі тваёй, ад радзіны тваёй і з дома бацькі твайго... ...І дабраслаўяцца ў табе ўсе плямёны зямныя.
>
> *Быццё 12:1, 3*

Пакінь твой дом, зямлю бацькоў тваіх —
і станеш бацькам новага народа.
Бясконцы выдых і бясконцы ўдых —
і так гучыць жыцця нязнаны подых.

Забудзь, як дыхаць, — і ўдыхні ЯГО.
Нямым зрабіся — і пачуеш СЛОВА.
Не сей насення ў юбілейны год —
напоўніш свіран зернем без паловы.

Па свеце — з торбай. Сына — на алтар.
Бо Сынам тваім будзе свету Цар.
І спадчына твая — бясконцасць, бо
тваім нашчадкам захацеў быць Бог.

4 сакавіка 2023

* * *

Зліцца з бяздонным фонам
гэтай бясконцай зімы.
Выйсці з камфортнай зоны…
(Што за камфорт турмы?)

Быццам вярнуцца ва ўлонне
першага Сёмага Дня.
Змераць углыб бяздонне —
каб адштурхнуцца ад дна.

10 сакавіка 2023

* * *

> …Чалавек не можа ўбачыць Мяне і застацца жывым. …Я пастаўлю цябе ў расколіне скалы і накрыю цябе рукою Маёю, пакуль не прайду; і калі прыму руку Маю, ты ўбачыш Мяне ззаду…
>
> *Выхад 33:20-23*

Зірнуўшы ў твар бяздоння, нельга
жывым застацца:
жывыя — тыя, хто зямельку
рукамі мацаюць,

па дне начэй і дзён нагамі
трывала ходзяць,
а тут шукаеш дно з агнямі —
і не знаходзіш.

Так, днём — з агнём, а ноч у вочы
глядзіць — і слепнеш.
Зірнуць у твар бяздоння хочаш?
Падумай лепей!

Бяжы ў лясы, цягніся ў горы,
зарыйся ў насып,
схавайся ў шчыліну прасторы
ад твару часу.

Каб ад імгненняў не загінуць —
схавайся ў рэчах.
І пройдзе Час… Тады са спіны
ты ўбачыш Вечнасць.

15 сакавіка 2023

* * *

Вада бывае рознай,
але хто хоча памыць рукі —
мые іх у крыві.
Грошы бываюць розныя,
але хто хоча трыццаць срэбранікаў —
прадае Хрыста.
Поскудзь бывае звычайная і рэдкая.
Чым адрозніваюцца — не ведаю,
але пераблытаць цяжка.

18 сакавіка 2023

* * *

У літургічным календары
дзіўнай канфесіі цішы і сіні —
свята маўчання. І — ціха ў святыні.
Цень — на двары, і святло — угары.

Свята маўчання і строгасць пастоў:
пад забаронай нячыстая ежа.
Толькі — бяздонна-празрыстыя вершы,
рыфмы паветра і шолах кустоў.

Толькі прамення віно ў алтары,
толькі дыханнем келіх напоўнены…
У літургічным календары —
свята ўслухоўвання… у невымоўнае.

21 сакавіка 2023

* * *

Ступар хвілін і дзесяцігоддзяў,
губ трымценне і рук
прагна хапае папера, як злодзей,
каб абмяняць на гук.

З цвёрдых валют — толькі рыфмы і стопы —
там, дзе банкруцтва эпох.
Прагна хапай пустату прасторы,
холад вачэй і дарог,

сэрцаў трымценне, сцяблінак кволых,
лёсаў сухое галлё,
каб абмяняць на звонкае золата
зарыфмаваных слёз.

26 сакавіка 2023

* * *

Я люблю адгадваць загадкі
і даследаваць, як цячэ
на зямлю з неба золата вадкае
і як плавіцца срэбра начэй.

І няхай потым гэтыя формулы
расшыфроўваць не будзе каму.
Проста дзіўныя літаркі чорныя
сваю белую любяць турму.

І паперы коўзанка гладкая
вабіць, быццам лёд на рацэ.
У гульні і ў жыцці не адгадка
зачароўвае,
              а
                    працэс.

30 сакавіка 2023

Срэбраныя алюзіі

I

> ...И очи синие бездонные...
> *Аляксандр Блок*

Як адчуванне непатрэбнасці
і як прысутнасці віна —
так погляд Вашае вялебнасці
праз шкло высокага акна.

Калі ўглядацца — то ў бяздоннае.
І не праз шкло, а праз абсурд.
Вачамі сінімі бяссоннымі
начамі чорнымі, як сюр.

Калі памер — дык толькі блокаўскі,
бо ісціна — віны віно.
Праз немасці акно высокае —
на нізкіх слоў сляпое дно.

1 красавіка 2023

II

> Все мы бражники здесь, блудницы...
> *Ганна Ахматава*

Я буду чытаць старамодныя вершы,
дзе кожная рыфма — экстаз.
Мы будзем гуляць у верыш-не-верыш
і лік давядзём да ста.

І ў вузкай спадніцы класічныя танцы
і ў фраку пад колер сурмы.
Якую гульню, акрамя дэкадансу,
прыдумаць на ганку турмы?

Каб паўзу запоўніць — анёльскія спевы
гучаць ля пякельных варот.
У вузкай спадніцы — тры крокі налева,
пліе, круазэ, паварот...

2 красавіка 2023

III

> ...Я встретил голову гиены
> На стройных девичьих плечах.
>
> *Мікалай Гумілёў*

„Ты сам прыйшоў сюды, mon cher", —
сказаў, выходзячы з геены,
прывабны звер, пачварны звер —
гетэра з галавой гіены.

І цягнецца, дрыжыць рука,
і падымаюцца павекі:
„Прыйшоў ты золата шукаць
у трунах срэбранага веку?"

І цягнецца па ўсходах цень,
і падымаецца з магілы
прывабны дзень, апошні дзень —
вар'яцтва з мудрасцю сівілы.

І — пуста на глыбокім дне,
дзе срэбра чэзне, глухне слова, —
у неіснуючай труне
кавалерыста Гумілёва.

3 красавіка 2023

IV

> Мне больше не страшно. Мне томно.
> Я медленно в пропасть лечу
> И вашей России не помню
> И помнить ее не хочу.
>
> *Георгій Іванаў*

Мне больш не балюча. Мне дзіўна,
што робіць у свеце слоў
імя той краіны адзінай,
якой на зямлі не было,
імя той адной любові,
якую — з памяці гнаць!

Як могуць літары ў слове
так дыхаць і так стагнаць?

3 красавіка 2023

V

> ...И на скале, замкнувшей зыбь залива,
> Судьбой и ветрами изваян профиль мой.
>
> *Максіміліян Валошын*

Чаму старажытны вулкан
абраў сабе профіль паэта?
Таму што і вечнасць — падман,
калі ў страфе не апета.

Пліта на крымскай гары
аднойчы зробіцца пылам.
Ды вечным агнём гарыць
прасторы празрысты рытм,
бо дух не мае магілы.

4 красавіка 2023

Чысты чацвер

Вада „славес", з табою мы —
саўдзельнікі-антаганісты,
бо на зямлі таму, хто чысты,
патрэбна толькі ногі мыць.

А ногі мыць — рыззё паліць
агнём нябёс — вадой крынічнай.
Бясконцасць любіць лаканічнасць,
дакладнасць любяць каралі,

і Слова любіць толькі слых,
уважлівы да чыстых рытмаў
і падуладны алгарытму:
маўчанне — выдых, сэнс — удых.

6 красавіка 2023

Вялікдзень

I

> А ўваскрэсшы рана ў першы дзень тыдня, Ён з'явіўся спярша Марыі Магдаліне, з якое выгнаў сем дэманаў.
>
> *Евангелле паводле Марка 16:9*

З каго — сем дэманаў — да той
прыйшоў да першай.
Блудніца — станешся святой.
У неба — пешшу.

Так лёс твой ходзіць пехатой
па вузкіх сцежках.
З каго — сем цёмных д'яблаў — той
прамення ўсмешка.

Аблокаў ільняны сувой —
душы адзежа.
З каго — начэй сем чорных — той
святла бязмежжа.

15 красавіка 2023

II

> ...Яны яшчэ не ведалі з Пісання, што Яму належала паўстаць з мёртвых.
>
> *Евангелле паводле Яна 20:9*

> ...Вочы ў іх былі заслоненыя, так што яны не пазналі Яго.
>
> *Евангелле паводле Лукі 24:16*

Усё, што мае адбыцца,
напісана ўжо даўно.
Чытайма першакрыніцы,
калі на планеце ноч.

Калі не ўглядацца сэрцам —
знаёмы твар не пазнаць.
Сюды, на планету смерці,
павольна ідзе вясна.

Павольна мастацтву чытання
нас вучыць наш свет начны.
Ды ўрэшце на ўсе пытанні —
світанне пустой труны,

паўстанне з маўчання ночы,
падзенне каменных сцен.
Напісанае —
         аднойчы
голасам прарасце.

8 красавіка 2023

* * *

Сюжэт жыцця — няўлоўны, як прамень,
ідэйны змест — туманна-невымоўны,
галоўны персанаж — як белы дзень —
такі ж звычайны і загадак поўны.

Канфлікт класічны — і таму пусты.
Праблема — быць — не быць, пайсці — застацца.
І пафас — зыбкі, як пяскі пустынь,
і толькі стыль — празрысты, быццам стынь...
Няўлоўнасці чароўнае мастацтва!

9 красавіка 2023

* * *

Любая мова — слэнг
перад абліччам Слыху,
бязглузды немы енк
коснаязыкай пыхі.

Маўчання белы сцяг
пашый з лексем бялізны.
Тэзаўрус жыцця —
шматтомнік жарганізмаў.

І граматычны лад —
бязладны і ганебны.
Ды Слыху пераклад
адвеку непатрэбны.

9 красавіка 2023

* * *

Напісаў клапатлівы хтосьці
папярэджанне пра небяспечнасць:
„Апусціўшыся да прыгажосці,
можна трапіць у пастку вечнасці".

І вісіць на дзвярах абвестка,
і сумуюць дзверы зачыненыя,
за якімі — чорная лесвіца,
што вядзе ў глыбіні злачынныя.

„Апусціўшыся да ўслухоўвання,
можна трапіць у пастку сэнсу", —
на паркане словаахоўным
напісаў клапатлівы цэнзар.

Але я
      аб'яў
           не чытаю —
па прыступках —
            хадою
                  лёгкай —
толькі ўніз,
      дзе мяне
           вітае
мой Сусвет першабытна-крохкі.

13 красавіка 2023

* * *

...А камень пакаціўся ўжо з гары.
І сняць незразумелае цары.

А што там разумець, калі ў тых снах
заўжды адно — пустэчы чорнай страх?

І сніць Асірыя, і Вавілон, і Рым,
што камень пакаціўся ўжо з гары.

3 кастрычніка 2023

* * *

...А вось пераказ сюжэта тыповага:
вакол рэчаіснасць, і з ёю ты *побач*,
вакол нешта робіцца кімсьці чамусьці,
а ты з імі побач: цябе не прымусяць
рабіць нешта побач з наяўнай рэальнасцю,
уяўнай сакральнасцю нізкай танальнасці...
Пішыце там самі свае падрадковікі —
пад гэтай шматслоўнаю выпадковасцю,
якая шматслойным кантэкстам завецца,
якая ў бяздоннае пекла нясецца —
ад холаду грэцца. Тыповы канец.
Цябе не прымусяць. Цябе не кране.
Цябе не прыціснуць. Цябе не расціснуць.
Ніякай жалезнаю рэчаіснасцю.
(І можна працягваць у іншай танальнасці
чытаць заклінанні побач з рэальнасцю.)

20 снежня 2023

* * *

У гэтым свеце немагчымасцей
я развучыў няцяжкі фокус:
знаходзіцца перад вачыма ўсіх
і не трапляцца ўсё ж на вока.

У гэтым свеце нечуванасцей
я ўмею быць зусім нячутным,
бо так надзейна пахаваны
мой голас глухасцю магутнай.

Магу я лепей за Гудзіні
ажыццявіць любыя ўцёкі,
бо вартаўнік жа тут адзіны —
сусвет бязвухі і бязвокі.

14 красавіка 2023

* * *

У прывіднай віднаце
празрыста распісаных роляў
павольна сваволіць цень
тваёй няўлоўнае волі
і не заўважае ныцця
жалезна-лагічных абстракцый:
ва ўтульным прадонні быцця
няма вам куды спяшацца.
Няма дзе шукаць парад,
няма цябе ў спісе роляў.
Тваё амплуа — сузіраць
маўклівых глыбінь сваволле.
Глядзі, як маўчыць зямля,
як зоркі маўкліва скачуць,
як гэты Сусвет-немаўля
сваволіць без крыку і плачу,
як робіцца вечнасцю час
без спешкі, плана і мэты,
як радасна-пуста ў вачах
і ў снах немаўляці Сусвету.
Маўчанне пустых вышынь
на памяць вучы, на памяць.
Спяшацца — жыццё смяшыць…

Павольна калоссе вяжы
і цемру ўстаўляй снапамі.

21 красавіка 2023

* * *

> ...Леў з калена Юды, корань Давіда, перамог, каб разгарнуць кнігу і зняць сем пячатак яе. І я ўбачыў... Ягня стаіць, быццам забітае...
>
> *Адкрыццё Яна Багаслова 5:5-6*

Каб сем пячатак з кнігі зняць,
Ільвом — Ягнём, быццам забітым, —
патрэбна быць. Аднак які Ты
няўлоўна-дзіўны, Леў-Ягня!

Няўлоўна-блізкі Бацька-Сын,
жыццё, забітае нібыта,
далёкі, як самоты стынь,
як гук глыбінь, як вока сінь —
адбітак бітага блакіту,

Сусвету анямелы крык,
маўклівых акіянаў роўнядзь,
прамоўленая невымоўнасць,
ягняці ўздых, ільвіны рык,
падзенне з ледзяной гары
ў нязгаснай цемры паслядоўнасць,
няўмольнасць логікі труны,
нявіннасць вечнае віны.

Нібы забіты Слова пульс...
Нібы забытых сэнсаў згадкі...
Усё „нібыта" тут, пакуль
са скрутка не знялі пячаткі.

23 красавіка 2023

* * *

З аптэкарскімі вагамі сядзець,
ураўнаважваць пекла прыгажосцю
і, калі хтосьці прыгажосць крадзе,
на тое месца хутка кідаць штосьці —

хоць боль, хоць немагчымасць, хоць адчай,
наіўнасць ямбаў, велічна-бяздумных,
нямогласць слова… Толькі не маўчаць!
Бо ад маўчання ў пекле надта шумна.

24 красавіка 2023

* * *

падумаю пра гэта
заўтра
легкадумная Скарлет казала
глыбакадумныя рэчы
а час
толькі граматычная катэгорыя
усё было падумана заўтра
усё было сказана заўтра
таму граматыка адмяняецца
я быў падуманы
ты была падумана
усё было заўтра
сёння перашкаджаюць
час
асоба
стан
лад
трыванне
лакуна ў парадыгме

26 красавіка 2023

Знак прарока Ёны

> Гэтае пакаленне — пакаленне ліхое, яно знака вымагае, ды знака яму не будзе дадзена, апрача знака Ёны прарока.
>
> *Евангелле паводле Лукі 11:29*

Халоднае вясны
халодныя абдымкі...
Сядзець невыязным
у гэтым свеце дымным,
у гэтых дымных снах,
у яве зябка-зыбкай...
Каму тут з неба знак —
з глыбінь бяздонна-ліпкіх?
У чэраве кіта —
тры вечнасці, тры ночы —
каб з нематы паўстаць.
Уваскрасай, раз хочаш!
Няма каго прасіць,
няма пра што тут плакаць,
раз выбіраў Фарсіс —
тры немасці, тры плахі,
тры пеклы, тры суды...
Як тры прыступкі раю.

І выдых свой, і ўдых
сам кожны выбірае.

1 мая 2023

* * *

Мастацтва ілюзіяніста —
рабіць нябачнымі прадметы.
І гэтак за радком празрыстым
знікае рэчыўнасць паэта.
Матэрыяльнасць асістэнта
элімінуецца дашчэнту!
Маэстра Рытм, маэстра Гук —
твае начальнікі — у шорах
цябе трымаюць, у стажорах.
Твой сціплы лёс — ад іхніх рук
увагу ўсёй глядзельнай залы
адцягваць больш ці менш удала.
І ўсё жыццё развучваць фокус:
рабіць прадмет нябачным воку.

3 мая 2023

* * *

Хоць і складаная гульня,
хоць і не складваюцца пазлы,
усё, што ў свеце невыказнага,
даўно сказала цішыня.

Вядома лечыцца адчай,
нясмачнасць хлеба, цемра неба:
пры ўсіх такіх хваробах трэба,
каб хтосьці побач памаўчаў.

Маўчанне любіць стэтаскоп.
Жыццё — смяротная хвароба,
ды лечыцца — усім, што побач:
плячом, маўчаннем, пахам здобы
і вуснамі ў гарачы лоб.

4 мая 2023

* * *

Я раптам палюбіў нязручнасці
ў маўленчым целе:
у рыфму ўсоўваць несугучнасці,
хадзіць па мелі
прывабна-зыбкае граматыкі
няпоўных сказаў,
чытаць жаргону сімптаматыку,
дыскурс экстазу,
збіраць шурпатыя каменьчыкі
на дне пясчаным
і слухаць, як бязмежнасць енчыць,
у гук схаваная.
Я раптам палюбіў няправільнасці,
шматкроп'яў мелі,
лексічную неаперабельнасць
у тэксту целе
і сінтаксісу двухсэнсоўнасці —
гульню муару.
Агучыць гаму невымоўнасці —
вар'ята мара.

5 мая 2023

* * *

> Косці сухія! Слухайце слова Госпада!
> *Кніга прарока Езекііля 37:4*

Гіпноз вышыні, памежжа
рознааблічных сіл,
самотнай Пізанскай вежы
падступны нахіл,
бясконцы гіпноз падзення...
Бо падаць — прасцей.
А што, калі сэнс — адзенне
для роспачы голых касцей?
І падае, падае вежа...
Падзення краса...
Даўно дэпрэсіўных вершаў
ты не пісаў —
без афарыстычных сентэнцый
на плітах эпох,
без сэнсу,
без сэнсу,
без сэнсу.
Самота ў слупок.
Калі за страфою — голы
Сусвету касцяк.
Ды ў вушы — знаёмы голас —
тэмбр жыцця:
„Ці бачыш косці сухія,
дружа Езекііль?"
Не ўтаймаваць стыхію
матэматычных сіл...
Колькі ні падай у цішу,
колькі ні цягне дно —
пільна сочыць з узвышша
Слова гіпноз.

6 мая 2023

* * *

Як па кавалачках цябе збіраць,
мой смешны свет? Ты рассыпацца любіш.
Ты любіш раставаць, нібы міраж,
а мне як ратаваць цябе ад згубы?
Адзін кавалак закаціўся за
нязломнасць антыкварнае камоды...
Мой смешны свет! (Бязглуздая сляза...)
Ну, будзем крочыць па салёных водах.
Салёны дождж, салёны мора шэпт.
(Быццё, як соль, умее рассыпацца.)
Вышэй на хвалю ўзлазь, вышэй, вышэй...

Нязломнасці салёнае мастацтва.

10 мая 2023

* * *

У лаканічнасці галактык
гучыць прароцкая аскеза.
Так праціпае цела тактаў
дыезаў вострае жалеза —
раз'юшаныя фразы джаза —
экстазу грозная суцэльнасць.
У лаканічным тэксце часу
не прадугледжана чытэльнасць.
Змястоўнасць — гэта толькі ўмоўнасць
у лаканічнасці распаду.
Разломаў донная шматмоўнасць
не падлягае перакладу.

15 мая 2023

* * *

У словатворчасць не веру —
веру ў цяжарнасць слоў.
Як невычэрпнасць вячэры
тайнай (быцця плоць і кроў!),
як дзівоснасць улову
(сетку цягні з глыбінь!),
нельга прыдумаць слова —
толькі прыгубіць, як стынь
ці як той срэбны келіх —
з рук у рукі братам.
Каб на бязрыбныя мелі
лодкі свае не вяртаць.

16 мая 2023

* * *

> И напрасно в сиянье просилась
> В эти четверть минуты душа.
>
> *Георгій Іванаў*

На чвэрць хвіліны прыпыніцца
пад сінім ззяннем,
на чвэрць бяссэнсіцы прабіцца
ў празрыстасць рання.

Бо недарма ад бегу стома,
ад крыку змора,
ад руху сверб, ад слоў аскома...
Жыццё раз-пораз

дае ў эфір сваё гучанне
праз перашкоды,
каб пацяплеў на чвэрць адчаю
Сусвету подых.

19 мая 2023

* * *

Вучыцца тонкаму мастацтву —
не множанне і не спражэнне —
спецкурс эстэтыкі вар'яцтва,
а практыкум складаў скажэнец:

намаляваць з магілы краскі,
разрыў сусветнае аорты
і згвалчанае мяса часу
на вытанчаным нацюрморце.

20 мая 2023

Інтэрмедыя

I

Калі на зямлі нараджаецца Бог,
Ірад пачынае нервавацца.
Астролагі кажуць:
„Гэта канец, валадар!"
А прэс-сакратар перакладае:
„Всё пропало, шеф, — слово пацана!"
А Ірад такі:
„Капец, вы ідыёты!
Трэба проста забіць немаўлят
і сказаць,
што гэта правакацыя,
што Бог сам іх забіў".
А Бога ўжо на асле
вязуць у Егіпет.
Бог яшчэ непаўналетні.
Ён яшчэ доўга будзе сталець.
А пакуль Ён там будзе сталець...
А пакуль Ён там будзе сталець,
Ірад тупа лёг і памёр.
І астролагі з прэс-сакратаром такія стаяць:
„Капец, ён тупа здох! У чым фішка?"

29 снежня 2023

II

Вечарынка у калгасе,
у гарэме фестываль,
ранішнік у трэцім класе,
выпускны ў вар'ятні баль.

Танцы-шманцы, спевы, жарты
і цукерак поўны рот.
Рота ганаровай варты
таньчыць танга і факстрот.

Весялосці поўны хтосьці,
хтосьці нават гальштук зняў.
Дзесьці ў карты, дзесьці ў косці,
дзесьці ў шахматы гульня.

Толькі ў змрочным кабінеце
змрочны дзядзька ў паліто:
экстрэмісты ў інтэрнэце
пішуць вершы пра катоў.

А каты — народ нястомны,
і ў начальніка цяпер
вечар перастаў быць „томным"
яшчэ з раніцы ў чацвер.

І цяпер — пісаць паперы
ды па лесвіцах хадзіць,
а ў самога — у кватэры
кот някормлены сядзіць.

15 красавіка 2023

III

Прапахлі гноем стайні часу —
смярдзіць эстэтыка калгаса.
І мацюкаецца народ
на эпахальны той смурод:
„Your bunny wrote! Your bunny wrote!"

Your bunny напісаў збор твораў —
тамоў распухлых, мабыць, сорак.
І іх — хоць трэсні галава —
чытаць-пляваць-зубрыць-здаваць
(ванітаваць-ванітаваць!)
на ўсіх смярдзючых факультэтах
таго калгаснага сусвету.

Таму, любімы мой калгас,
мяне ўпісаць прашу я вас
у спісы ворагаў народа
за эстэтычную нязгоду.
І выпішыце мне білет
чытацкі. У бібліятэку,
дзе могуць выдаць чалавеку
і іншы тэкст, і іншы свет.
Такі я скончаны эстэт.

4 мая 2023

IV

На аватарцы ў бота —
жанчыны бальзакаўскай фота:
памада, цені, фарботы,
усмешка маральнай цноты,
фрызура а-ля калгас…
Кантора глядзіць на вас.

28 мая 2023

V

Свае бессэнсоўна
сакрэты ахоўваць:
пад гэтаю поўняй
прыватнасць — умоўнасць.
У лямпачцы Бога
гараць кветаваты[1]
(амаль што як вока
Вялікага Брата).
Не нужно трагедий,
товарищ Эсхил:
нам стиль Википедии
сладок и мил
и жанр протокола.
Як светла наўкола!..

21 снежня 2023

---

[1] Кветават — 10^{30} Вт.

VI

Нетрадыцыйная каштоўнасць
некандыцыйнага жыцця...
Як жыць, каму жыццё — няўлоўнасць,
і свет — наўзбоч, і сэнс — няўцям?

Дармапіцця і дармаедства,
дармадыхання, дармасноў
нетрадыцыйнае какецтва —
знявага ісцін і асноў.

Каму яшчэ свярбіць-вярэдзіць,
аматары дармажылля?!
Прафілактычна папярэдзіць
і прэвентыўна расстраляць!

І не хавайцеся ў двукоссе
ад правасуддзя глухаты:
жыве прамавугольны космас!
....
Лухта лухты і ўсё з лухты[2].

13 красавіка 2023

---

[2] „Усё — лухта лухты. І ўсё з лухты" — апошні радок верша Р. Барадуліна „Усё — пачатак тла і лоўля дзьмушак...".

VII

Намалюйце дзверы мне
на бясконцай на сцяне,
каб вачам было на чым
час ад часу адпачыць.

Намалюйце мне акно
для паветра (хоць адно)
і паветра крышку там
намалюйце — цяжка вам?

Дзверы мае кожны дом,
каб не толькі ў сценку лбом
стукаць паміж іншых спраў
(гук не той — я правяраў).

І ад вокнаў ёсць карысць
(ёсць і шкода — камары).
А бясконцая сцяна —
ну яе, пайшла яна!

7 ліпеня 2023

VIII

> ...Не горюй, что не всюду успел, —
> может, ты опоздал на „Титаник".
>
> *Ігар Губерман*

Як жа марудна я жыву!
Ізноў спазніўся на „Тытанік",
дзе без мяне сумуюць здані
маіх любімых дэжавю,
дзе без мяне даецца шоу
на фоне хісткіх дэкарацый.
А мне няма куды спяшацца:
мой космас сам мяне знайшоў.

12 красавіка 2023

IX

Сальеры ў залатой вальеры
ўсё робяць для сваёй кар'еры.
Яны, Сальеры, тут звыш меры
спасціглі тонкія манеры.
Заўжды іх хцівыя намеры
прад імі ўсе адчыняць дзверы,
апроч дзвярэй адной вальеры,
дзе іхняя тлусцее шэрасць.
Няхай скрабуцца з усёй моцы,
пакуль смяецца недзе Моцарт.

26 мая 2023

X

Тэма прастрацыі
без варыяцый:
як устрымацца
ад ламентацый?
Белай акацыі —
млява схіляцца
ў гуле авацый:
„Grazie, grazie!.."
З велічнай грацыяй
з трона спускацца:
позна змагацца
за рэстаўрацыю.
Не дачакацца
рэінкарнацыі:
позна ўглядацца
ў плынь камбінацый.
Кім ні назвацца —
абы ўтрымацца
ў анігіляцыях
цемры і *ratio*.
Чорных вібрацый
змрочная праца
рухае нацыю
ў бездань рэакцыі.
Шум пракламацый,
сутаргі фракцый...
Здацца? Не здацца?
„Акцыі! Акцыі!"
Як у сямнаццатым,
як у „Дванаццаці",
маніфестацыі
і дэвіяцыі.
Маніпуляцыя
і прафанацыя —
і папарацы
ў поўнай фрустрацыі.

Віск флагеляцый...
Пыл дысертацый...
Хопіць здзіўляцца
ўсім правакацыям,
крыкам на пляцах
і ў рэстарацыях!
Досыць мутацый
і махінацый!
Пракрастынацыям —
смерць ці ратацыя!
Хопіць баяцца
пертурбацый!
Позна збірацца
на дэманстрацыі —
трэба прызнацца:
слава атракцыі!
І — абдымацца,
і — цалавацца:
„Ты ж мая цаца!
Ты ж мая цаца!“
Лапкамі мацаць,
зубкамі клацаць —
без афектацыі, —
як Паца-Ваца.
Млява схіляцца:
„Grazie, grazie!..“
Сціпла ўсміхацца
і адмаўляцца...
....
З вечных праекцый
ды імітацый
нам застаецца
толькі смяяцца.

14–15 сакавіка 2023

XI

У акадэміі (ілжэнавук)
пагрызлі мышы трыццаць дысертацый
пра тое, як нам жыць, з чаго смяяцца,
каго любіць і колькі важыць гук
у вакууме нестэрыльнай цішы.
І паздыхалі ад такога мышы.
У гэтым і карысць ілжэнавук.

23 студзеня 2024

XII

„Не атрымалася Вас пазнаць".
Што ты кажаш, жалезка разумная?!
Ці вясна, ці космасу знак —
трэба твар сабе новы прыдумваць,

новы імідж, лук і мэйкап,
бо стары даўно *may be flaking*.
Ці вясна, ці лёсу рука,
ці я проста няўлоўны нейкі.

26 красавіка 2023

* * *

Данос на вольную тэму
ці оперу ў трох тамах,
пра радасць — у лічбах паэму,
пра шчасце — эпас у снах...

Свой жанр выбірай без страху
ў высокім мастацтве жыцця.
Ці белай паперы плаху,
ці немасці белы сцяг.

Ва ўсіх немагчымых жанрах —
пісаць, і маўчаць, і сніць
той рукапіс, што ў пажарах
бяссэнсіцы не гарыць.

21 мая 2023

* * *

Я не ведаю, як ствараецца
перадчэрвеньскі гэты блакіт:
майстар колеру — сціплая раніца —
не тлумачыць свае мазкі.

Узірайся ў пейзаж шматзначны!..
А мастачка з усмешкай маўчыць.
Геніяльнасць не растлумачыць,
неабсяжнасці не навучыць.

25 мая 2023

* * *

Не ўсё, што ў свеце ёсць,
у формулы загоніш.
Не мае прыгажосць
стандартаў і законаў.
Яна сама закон,
сама заканадаўца,
няўмольная, як скон, —
няўлоўнасць не памацаць,
бяскрайнасць не схапіць
ва ўтульную свядомасць...
Праз край ліецца — пі
віно яе крыві —
бяздонную бяздомнасць!

26 мая 2023

* * *

Свае гнёзды бачаць з нябёс
птушкі ў сінім прадонні рання.
(Стаўшы голасам немых слёз,
апраўдаць сваё існаванне?..)

Рыбы чуюць свае віры,
і свой вулей бароняць пчолы.
(Тарс, Дамаск, Кесарыя, Рым...
Апраўдае не кесар — Голас.)

...І звяры на прасторах пустынь
ведаюць свае норы.
(Апраўдаць сваёй немасці стынь,
стаўшы болем прасторы?..)

29 мая 2023

Боль

Я ёсць ці мяне няма?
Скажы мне, мой слых і смак!
А лепей — скажы, мой боль,
ці ўсё яшчэ я з табой,
ці ты адпусціў мяне,
і я не на гэтай вайне,
і я не на гэтай зямлі,
якая — мой смак і слых,
якая — мой зрок і нюх,
якая — па крузе рух,
якая — дотык да ран,
якой я ўласнасць і раб.
Бо ўласнасць раба — толькі боль —
на ўсіх блокпастах пароль,
і зрок, і дотык, і нюх,
па колах пякельных рух —
яго пакаштуй на смак —
ты ёсць, ці цябе няма...

30 мая 2023

* * *

Каб слова не заўважылі ў радку,
яго паэт схаваў між асанансаў.
Так, мабыць, сэнс хаваецца ад куль
бяссэнсіцы, калі аглух патруль,
а дэкаданс ваюе з Рэнесансам.

На белым снезе — чорных літар кроў,
за рыфмаў мур выходзіць небяспечна...
Схаваймася і мы паміж радкоў,
ва ўтульнай паўзе гулкае пустэчы, —
перачакаем гэтай ночы вечнасць.

1 чэрвеня 2023

* * *

Правапіс Танаха як узор
час узяў і піша без галосных,
без прабелаў, дужак, косак, зносак...
Піша не асадкай, а лязом.

Лаканічны тэлеграфны стыль.
Хто глухі — не разбярэ шыфроўкі.
Можна і без зычных — толькі кропкі...
Можна і без іх — пакінь пустым

гэты ліст: я ўмею па губах
счытваць невымоўнае пасланне.
Кожны двоечнік пісьменным стане,
раз чытаў бяздонне, як Танах.

5 чэрвеня 2023

* * *

Заціснуць вушы, каб пачуць
нешта самае ціхае.

Але як іх заціснуць?

Адвярнуцца ад люстэрка,
каб убачыць сябе,
а не адлюстраванне.

Але дзе знайсці свет
без люстэркаў?

2 чэрвеня 2023

* * *

Разумей, як хочаш, мае радкі:
не мае яны — як усхліп ракі,
як ракіт і ліп перазоў начны.
Не галлё пяе — ныюць карані.
На зямлі расці — гэта боль трываць,
голлем сінь трымаць. Пад табой — трава,
над табою — жах! — не нябёсаў дах,
а маўчання стынь і пустэчы страх.

Што пачуў ты ў снах — разумець не смей:
не твае яны, як выццё завей,
як праменне дня, як прадоння гул.
Не твая віна на тваім вяку:
саграшыў Адам… А расхлёбваць нам!
Шмат у садзе дрэў — не твая віна,
што ніякі плод не палезе ў рот,
калі ўсё — на кон, калі зноў — зэро.

Разумей, як хочаш: мы тут удвух
(толькі Ён адзін — Бацька, Сын і Дух).
Дапішы ўсё сам: гэты верш і свет.
Тут усё тваё: мурашы ў траве,
у нябёсах — жах, у карэнні — боль.
На зямлі расці — як з пустэчай бой.
………………………………………………
………………………………………………

7 чэрвеня 2023

* * *

Маўчы не пра мяне — са мной маўчы.
Давай маўчаць па нотах: гэта зручна.
Бясслоўя ідэальная сугучнасць,
сімфонія бясконцых велічынь.
Давай вучыць фанетыку глыбінь:

рэдукцыя ў ненаціскных складах,
рэдукцыя ў ненаціскных сусветах...
Тут поўня рэдукуецца (у ветах),
і неба рэдукуецца (у дах),
і ў пару рэдукуецца вада.

Рэальнасць аглушаецца, тым больш
што тут канец абзаца і збег зычных.
І Слова аглушаецца — у боль.
І гэты боль для вуха больш прывычны.

9 чэрвеня 2023

* * *

На ўскрайку Вавілона лесапарк,
прыціснуты да кальцавой дарогі.
Па ёй імчацца калясніцы, дрогі…
Выццё сірэн (ці бойка, ці пажар).

А птушкам — што сірэны, што вайна,
бо іх у гнёздах птушаняты клічуць.
На ўскрайку пекла — шум і мітусня
і лесапарк, дзе ты — адзін ляснічы.

13 чэрвеня 2023

* * *

Ты любіш гартаць раз-пораз
старонкі нябачных кніг.
Ты любіш чытаць уголас
туман, праз імглу агні,

праз цемру літары зорак
(ты шмат павывучваў моў),
радкі пустых калідораў
у строфах нябачных дамоў

і нават нямое гучанне
пад тысячу гігагерц.
А што застаецца? Чытанне —
уедлівы навык, *mein Herz*!

Ты стаў перакладчыкам цішы
і голасам шэрай імжы.
І шэрым па шэрым напішаш
інструкцыю, як тут жыць —

у шэрані зябкіх гукаў
і нават зусім без іх, —
магістр магічнай навукі
чытання нябачных кніг.

13 чэрвеня 2023

* * *

Павыкідаць з маўлення *фразы* —
пакінуць толькі паўзы сэнсу:
у дыялогу не адказы
змястоўныя, а шоргат пемзы,

складаназлучанасць сутоння,
бяздонныя рэпрызы рэха...
Так дакранаюцца далоні
праз слоў прарэху.

16–17 чэрвеня 2023

* * *

Мастацтва чытання,
майстэрства маўчання
і слухання подзвіг —
звычайны, як поціск,
адчайны, як подых
бяздоннай свабоды
(праз чорныя воды),
як водар нязгоды
са звычнасцю рухаў
у гэтай прасторы...

Маўчы мне на вуха.

Маўчы мне праз гора
высокія горы,
маўчы мне праз мора
маўчання і зморы —

пра ціхія рэкі,
пра светлыя землі,
„где друг твой навеки
уже — неотъемлем"[3].

20 чэрвеня 2023

---

[3] Змененая цытата з верша М. Цвятаевай „Все круче, все круче..." (у арыгінале — „...друг мой...").

* * *

Пад пальцамі — гладкасць паперы,
пад скурай — пяскі пустынь.
Засвойваць жыццё, як манеры, —
пусты занятак, пусты.

У літарах — сэнсу гладкасць,
шурпатасць бяссэнсіцы ў снах.
Атрамант — крывавая вадкасць
(не бачна ў чарніліцы дна).

Не бачна канца ўраўненню,
не лезе формула ў мозг.
Прымерваеш свет, як адзенне?
Ён вельмі табе навырост!

Шурпатая непрадказальнасць
секунд, і гадоў, і вякоў...
Не ўпісваецца рэальнасць
у папяровы закон.

22 чэрвеня 2023

* * *

Твой свет адчуў, што можа без цябе
спакойна жыць. Твой свет зусім дарослы.
Ён можа *без*, ён проста можа *без*:
без тваіх слёз маўчаць на травах росы,

і смех яго нягучны, быццам дождж,
ліецца нават без тваёй усмешкі.
Вы перасталі (вось у сэрца нож!)
гуляць па вечарах суботніх пешкі.

Не слухае бацькоўскага ныцця,
табе не зразумець яго жаргону...
Ён стаў як ты — вялікае дзіця,
і позірк яго сумны і бяздонны.

23 чэрвеня 2023

Косць

I

> Як велічна!
> Тут нават і ў пачвары
> Угадваюцца моц і чары[4].
>
> *Ёган Вольфганг Гётэ. Фаўст*

Прыгажосць — гэта дух, што сышоў на ўсялякую плоць —
на калецтва прасторы і часу крывавыя раны.
Любаваўся пачварамі Фаўст, а Іову Гасподзь
з захапленнем расказваў пра грацыю левіяфана.

Прыгажосць — гэта чорнай бяссэнсіцы белая косць.
Час знайдзі ў заапарку сусветным між іншых заняткаў —
палюбуйся на левіяфана, шаноўны мой госць,
бо нідзе ты не ўбачыш цудоўнейшае кацянятка.

26 чэрвеня 2023

---

[4] Пераклад В. Сёмухі.

II

Свет — бяздомны галодны сабака, дык кінь яму косць —
прыгажосць! Хай ратуе яго ад галоднае смерці
сярод белых снягоў, сярод чорных маўклівых вякоў.
Бо, галодны, ён можа цябе на кавалкі раздзерці.

Ён да мяса прывык — да прыгожых душэўных пакут,
да прыгожых злачынстваў... Усё мае быць эстэтычным.
Кінь, як косць, яму срэбра галосных і золата зычных —
і, пакуль ён жарэ, хай зачытвае неба прысуд!

20 жніўня 2023

* * *

Як ствараўся калісьці Сусвет —
для цябе і мяне сакрэт:
у майстэрню да Бога тур
не для ўразлівых нашых натур.

Не для нашых тупых галоў,
як узнікла ў цемры святло...
Як ствараецца дух і час —
вось відовішча самы раз!

Паглядзі на эпох раскол
(вось для зручнасці мікраскоп),
на пустоты жыццяў і душ
(прэпарат рукамі не руш!).

Як узніклі хвасты камет —
не для нашага курса прадмет.
Як у дух прарастае час —
паспрабуй адшукаць адказ!

29 чэрвеня 2023

* * *

Не можа цар зямны катацца на асле:
марудны крок, і спёка, і сабакі брэшуць.
Асёл для іншага... Асёл трапляе ў след
тысячагоддзяў, што звычайна ходзяць пешшу.

Асёл для тых, каму прастора — толькі знак
у формуле, чый хвост не ўлазіць у прастору.
Ерусаліма ўздых, Сіёна круцізна,
тысячагоддзяў сум — ад мора і да мора.

8 ліпеня 2023

* * *

> Калі не ўбачу на руках Ягоных ран
> ад цвікоў, і не ўткну пальца майго
> ў раны ад цвікоў, і не ўкладу рукі
> маёй у бок Ягоны, не паверу.
>
> *Евангелле паводле Яна 20:25*

Трыццаць праклёнаў,
трыццаць манет,
трыццаць паклонаў
звонкай мане.

Хцівыя складзіны,
торг на мяжы.
Хто не прададзены,
той тут не жыў.

Палец — у раны,
здрада — у плоць.
Хто апляваны —
той мой Гасподзь.

Таннае срэбра
гулкіх пустот.
Цемра — у рэбры,
воцат — у рот.

(Любіць жалеза
грэцца ад рук.)
Цемры адзежа,
немасці гук...

Палец — у раны,
рукі — у бок.
Раскрыжаваны —
значыць, Бог.

3 ліпеня 2023

* * *

Як пальцы ветру ў тонкім вецці,
заблыталіся дні ў начах...
Вы як суседзі па Сусвеце —
няздара ты і брат твой — час.

У непралазным тваім лёсе
заблытаўся, бы ў лёсцы, век.
Не ты існуеш у эпосе —
яна каля цябе жыве.

Вы жывяце як кот з сабакам —
ты і яна — твая сястра,
якая дзеліць, небарака,
з табой няўтульны твой барак.

На твой язык злуецца востры.
(Што за радня — хоць слёзы лі!)
Так і жывём — браты і сёстры —
на гэтай мачасе-зямлі.

11 ліпеня 2023

* * *

Не намагайся прымяраць
сусветы не тваіх памераў.
Для птушак спеў, для дрэў кара,
для неба сінь, дажджы для траў,
неверагоднае — для веры.

Неверагодны твой сусвет
ні ў якія не ўлазіць рамкі.
Для думак ціш, для слоў канверт...
Жыццё табе — не з пешкі ў дамкі,
а вышыванне па канве.

21 ліпеня 2023

* * *

Агонь для саломы — канец,
агонь для святла — пачатак.
Пры зняцці сямі пячатак —
аднолькавы ўсім вянец.

Вянец залатога агню
камусьці папаліць голаў,
а хтосьці на цемі голым
паправіць рукою кволай
і пешшу — у вышыню.

22 ліпеня 2023

* * *

> ...І няма цяпер валадара, ані прарока, ані правадыра, ані цэласпалення, ані ахвяр, ані дароў з ежы, ані ўспалення, ані месца дзеля пяршыняў для Цябе, каб маглі мы спазнаць Тваю міласэрнасць...
>
> *Кніга прарока Данііла 3:[38]*
> *(малітва Азарыі)*

І, можа, хацеў бы ахвяру прынесці,
але для ахвяры няма ў нас больш месца,
бо з месцам на свеце зусім стала дрэнна.
Сціскаецца свет: акіян па калена,
паветра — са жменьку, зямлі не хапае,
каб мёртвых хаваць... Ніхто й не хавае.
І мёртвыя побач з жывымі тут ходзяць,
і месца няма, стала цесна ў народзе.
Прастора і час сталі цеснымі раптам:
секунда з секундай і з атамам атам
у цеснай кватэры жывуць камунальнай;
усе тут суседзі — і бліжні, і дальні.
Ахвяру прынесці — пліта, дзве канфоркі.
Сусвет камунальны пад чорнаю зоркай.

25 ліпеня 2023

* * *

Нябёсаў вадкасць, сонца меднасць —
хоць ты святы, хоць ты фанатык —
свет не прывесці ў адпаведнасць
з сухою логікай граматык.
Мы любім кропак нечаканасць,
мінімалізм няпоўных сказаў.
Сусветаў недапасаванасць —
не больш чым граматычны казус.
Імгненняў вадкасць, горыч мора
нас не агорне, не падмане.
Між граматычных катэгорый
галоўная для нас — трыванне.

27 ліпеня 2023

* * *

як подых шэпту
як пошук срэбра
    прыношу лепту —
    выношу неба

знімі адзежу
адчуй паветра
    па лёсе — пешшу
    ў Сусвету нетры

ў быцця няўлоўнасць —
красы аснову
    як подых слова
    як пошук мовы

9 жніўня 2023

* * *

Пашырыліся дзіркі між людзей,
і горад запаўняе іх цэментам,
а час звальняе гора-рэферэнтаў
і сам друкуе хроніку падзей.

А жнівень вывучыў твой лексікон
і сам рыфмуе „скон — праклён — закон" —
закон адзін: дзе тонка, там і рвецца —
ты слабае звяно ў тым ланцужку,
што свет трымае гукамі, пакуль
на нас цягнік бяссэнсіцы нясецца.

Ты слабае звяно, ты слова пах
у апраметнай чыстых калідорах,
вясёлы твой цягнік ляціць да зорак,
прабіўшы носам заржавелы дах.

11 жніўня 2023

* * *

> ...Увядзе цябе Гасподзь, Бог твой, у...
> зямлю... з вялікімі і добрымі гарада-
> мі, якіх ты не будаваў...
>
> *Другі закон 6:10*

Я прыйшоў у зямлю з гарадамі, якія паўсталі
без удзелу майго, і з маслінамі ў светлых садах,
што не я пасадзіў. І бяздонна-празрыстыя далі
без маіх намаганняў выплюхваюць вечнасці пах.

Хтосьці іншы спустошваў глыбокія каменяломні,
цела гэтай зямлі нехта больш працавіты араў.
На бяскрайніх лугах нехта іншы, нябачны, няўлоўны
параскідваў адзенне для тонкіх няўрымслівых траў.

Я прыйшоў падглядзець і паесці, папіць і падыхаць
гэтым водарам, што нараджаецца недзе ўгары.
Вось бы толькі хапіла мне бачання, нюху і слыху,
каб схапіць хоць на момант няўлоўнага ветру парыў.

12 жніўня 2023

* * *

Сусвету слоік лыжкай мернаю
ашчадна чэрпай, бо яго
непрадказальнай невычэрпнасці —
якраз на век жыцця твайго.

Утульная яго бяздоннасць —
вось улюбёны твой памер,
як неймавернасці будзённасць,
неверагоднасць усіх вер
і важкасць шоргату папер.

15 жніўня 2023

* * *

За нас тут усё стварылі,
але ж нам карціць наноў
агучваць бязгучнасць былі
бяссіллем сэнсаў і слоў.

За нас тут усё сказалі,
але ж нам карціць крычаць
у вушы аглухлых далей
пра наш знямелы адчай.

За нас тут усё пражыта
дашчэнту — крычы не крычы.
Але ж на чарговай мяжы ты
ў кішэні намацай ключы...

1 верасня 2023

* * *

Час — гэта
партрэт вечнасці,
а малюеш яго ты сам.
І не хлусі, быццам
цябе не вучылі маляваць.
Прызнайся — ты проста
быў гультаём.

3 верасня 2023

* * *

глыбей за дно
ляжыць яно
маўчаннемсноў
маўчыць яно
імя няма
ёсць толькі пах
у тых дамах
што сняцца ў снах
дзе пустата
дзе дзён віно
хвілін фата
гадоў радно
у тых начах
чарней за ноч
там час — не час
хоць стой хоць кроч
хоць плач хоць ный
яно з табой
глыбей за сны
вышэй за боль

11 верасня 2023

* * *

Як гэта ўсё пішацца,
як гэта ўсё чуецца,
калі вакол крышацца
за вуліцай вуліца,
сусвет за сусветам
і вечнасць за вечнасцю?
А голас не ведае,
што тут небяспечна,
што тут існаваць
можна толькі з аглядкай.
І голас крывавіць
паперчыны гладкасць.
Крывавыя сэнсы
ў празрыстым бязмежжы.
Так чуюцца сэрцы,
так пішуцца вершы.

15 верасня 2023

* * *

> Над рэкамі Вавілона, там сядзелі і плакалі мы, калі згадвалі пра Сіён.
>
> *Псалтыр 136:1*

Справа налева пісаўся зыход
з рэк Вавілона, дадому з палону, —
знішчаны храм аднаўляць пасярод
голых вякоў і маўчання Сіёна.

Гэтак і верша твайго палатно
тчэцца ад рыфмы на захад, налева:
голым вякам — на кашулю радно,
дням Вавілона — сіёнскія спевы.

20 верасня 2023

* * *

Паэты не пішуць аднолькавых вершаў,
паэты будуюць высокія вежы,
і пешкі выходжваць маўклівыя сцежкі
паэтам належыць штовечар без спешкі.

Спяшацца не трэба: на ўсіх хопіць неба,
на ўсіх — асанансаў фамільнага срэбра,
на ўсіх — амфібрахіяў вэнджаных рэбраў.
Ва ўсякай патрэбе спрачацца не трэба.

Дзяліць нам не землі, не псярні, не стайні,
а подых бяздоння, заўжды аднастайны,
і слых прадчування, і ведання тайну,
пракляцце маўчання і шлях без вяртання...

22 верасня 2023

* * *

> *...Ці ж не за дынар ты дамовіўся са мною?*
> *Евангелле паводле Мацвея 20:13*

У Царстве Нябесным няма велічынь —
дынарый адзін, лічы не лічы.
І колькі суседу грахоў дараваць —
забудзь, як лічыць, памнажаць, плюсаваць.
Апошняя лепта каштуе мільярд,
насенне тут кідаюць на тратуар:
насення тут шмат, і не лічыць ніхто
ні акраў, ні цэнтнераў тут, ні ратоў.
Бо хлебам адным накарміць можна ўсіх
галодных, самотных, старых і малых.
Забудзь матэматыку. Іншых навук
тут шмат: біялогія счэпленых рук,
акустыка цішы і слыху граматыка.
Успомні бясконцасць, забудзь матэматыку.

23 верасня 2023

Без імені

I

Як бліскучы каштан, што ляніва глядзіць у нябёсы,
як марудлівы верасень сонцу расчэсвае косы,
быццам космас, што лёсы тасуе налева-направа, —
гэтак словам увосень у думках ужо нецікава.

Словам хочацца ў вырай, без пашпарта, без перакладу
(збоку банцік, бясспрэчна, і зверху, і знізу, і ззаду), —
басанож па таму ж акіяна пустому ўзбярэжжу,
дзе маўчанне прасторы штовосень бадзяецца пешшу.

Словам хочацца мудрасці гэтай празрыста-маўклівай,
што ў каштана, што ў неба глядзіцца, бы ў люстра, ляніва,
быццам гэтак глядзецца і ёсць справядлівасці вырак.
Словам хочацца проста — у вырай, у вырай, у вырай.

30 верасня 2023

II

Няўзнак асенняя бяссэнсіца
дапамагае зразумець,
што золата маўчання цэніцца
больш, чым бразгучых слоўцаў медзь.

На шосты дзень светабудоўлі
паселены ў Сусвету храм,
вучыцца слухаць непрамоўленае
пачаў з супружніцай Адам.

Ды не хапіла, мабыць, кемнасці
прыкінуцца перад змяёй
нямымі ці прынамсі немцамі:
не шпрэхаем, пардон, адзьё!

Жыццё маўчыць таму, што ведае:
не з кожным трэба размаўляць.
Чытай тамы энцыклапедый —
памрэш дурным, як немаўля.

25 кастрычніка 2023

III

У мове скончыліся словы,
у свеце скончыліся дровы,
і не пратопіш гэты свет,
што акалеў ужо ад бед,
бо ў свеце скончылася лета,
і хутка скончыцца паветра,
бо ў лесе скончыліся дрэвы,
і шэпт травы, і птушак спевы,
як скончыцца і гэты сказ,
бо не бясконцы нават час,
і ён аднойчы ўпрэцца ў мур —
нахабна-велічны абсурд,
бо скончыліся сэнсы ў слоў,
бо ў свету скончылася кроў.

21 кастрычніка 2023

IV

> Тады фарысеі пайшлі і дамаўляліся,
> як падлавіць Яго на слове.
>
> *Евангелле паводле Мацвея 22:15*

Нельга Слова на слове злавіць:
Слова смак — у лазы крыві,
Слова пах — у пшаніцы палях,
Слова моц — у дубоў руках,
Слова гук — у пяшчоце рук,
Слова паліць слоў мішуру.
Слова подых — свету пажар.
На дынары і — кесараў твар.
Слова твар убачыш на міг —
з ног тваіх абутак знімі.

21 кастрычніка 2023

V

Устрымацца ад слоў, калі словы зрабіліся лісцем,
што нясе лістападаўскі вецер далёка кудысьці...
Ёсць старонкі, якія заўжды застаюцца пустымі:
часам лепей вось гэтак — без думкі, без сэнсу, без імені.

Бо ў сусвеце няіснага *nomina sunt odiosa*,
бо пасля лістапада прыходзіць бязгучнасць марозу,
бо пасля разумення прыходзіць бясслоўнасць бяздоння —
як вяртанне ў адвечнага Слыху маўклівае ўлонне...

....
....
....
....

2 лістапада 2023

* * *

Гэтага веку крэда —
нікому нічога не трэба.
Мусіш яго ты ведаць
у слаўным узросце эфеба.
Мусіш запомніць яго ты
лепей, чым сонца дотык,
лепей, чым маці голас,
тонкі, нібыта волас.
Часу глухога праклецце —
вось твая маці і брацце.
Гэтага веку шлях —
па счарнелых палях.

Гэтага веку здзек —
ты не патрэбны нідзе.
Твой не пачуюць крык.
Проста ляці з гары.
Проста забудзь імя:
тут імёнаў няма.
Тут нумарацыя цел
праз халодны прыцэл.
Проста запомні нумар.
Гэтага веку гумар
плоскі, нібы люстэрка.
Толькі не трэба істэрыкі.

Гэтага веку прарок —
немасці чорны роў,
цішы пранізлівы крык.
Проста ляці з гары.
Рукі трымай, як крылы.
Праўда, сонца астыла...
Пекла астыла таксама —
ты не патрэбны і там, а
рай не патрэбны табе.
Проста па крузе бег,
проста ляці праз век
па счарнелай траве.

16–17 кастрычніка 2023

* * *

Бог не існуе — Ён Само-Быццё
(сказаў не я, а Пауль Ёган Ціліх).
А я скажу, што існаваць — занятак
даволі нудны. Горшы за яго —
адзін хіба — вучыцца існаванню.
Ёсць сэнс вучыцца БЫЦЬ — не існаваць,
хаця гучыць такое як блюзнерства:
ЁСЦЬ толькі ЁН, але без звышзадач
жыццёператвараецца ў нудоту.

7 лістапада 2023

* * *

Мы, паэты, народ суровы:
падавай нам не мяса — словы
непрасмажаныя, з крывёй.
А няма іх — напішам сваёй.

Мы, паэты, заўжды вар'яты:
мы святкуем жыццё, як свята,
мы святкуем смерць, як жыццё.
Нас запомніць любы білецёр:

нам білет — заўжды на галёрку,
там нам свецяць не лямпы — зоркі
непрасмажаныя, з крывёй.
За білет мы плацім сваёй.

7 лістапада 2023

* * *

> Жизнь пустынна, бездомна, бездонна…
> *Аляксандр Блок*

Дна не маюць быцця глыбіні,
сцен не мае пустыня жыцця.
Дом для цела адзін — дамавіна:
толькі там утульна касцям.

Дух на свеце заўжды бяздомны
(дух на свеце заўжды нелегал),
як няўлоўныя рання промні,
што струменяцца ў цемры прагал.

7 лістапада 2023

* * *

Што ні дай дзіцяці —
будзе гуляць.
Ці не ад гульні з рэхам
нарадзілася рыфма?
(Гульня ў дыялог
з адбіткам уласнага голасу.)
Значыць, верлібр нарадзіўся,
калі мячык голасу
перастаў адскокваць ад сценкі
(бо знікла сценка?).
Або, як голуб,
што не вярнуўся да Ноя,
голас знайшоў сабе месца,
дзе звіць гняздо
(далей гуляйце без мяне).

16 лістапада 2023

* * *

Вазьмі сачок, ідзі палюй,
на белым полі намалюй
няўлоўных слоў сараканожак,
напоўні словамі зямлю,
каб на зямлі было прыгожа.

Засей палі сваёй зямлі
насеннем срэбных святлаценяў,
каб шэпты збажыны ўзышлі.
...Ішлі з дарамі каралі
дзівіцца на красы з'яўленне.

Яе з'яўленне — з чарнаты
зямлі, угноенай пакутай,
з асэнсаванай нематы,
з раскрыжаванай мілаты,
з прывабнай вечнасці атруты.

Атруту пі сярод зямлі,
сярод жыцця, сярод маўчання,
крывёй палі свае палі
і ноч зямлі агнём палі —
гучаннем заўтрашняга рання.

20 лістапада 2023

* * *

Недзе ёсць тыя формулы цуду
(нам да іх пехатой не дайсці)...
У глыбіні закідвай вуды
і лічы да шасці.
Бо шэсць дзён вымаўляўся гэты
(не для нашага вуха) Храм
(недзе ёсць чарцяжы Сусвету,
што расчытваць не нам).
...І лічы да шасці, а потым
слухай сёмага дня святло —
гэтак ззяюць ноты суботы.
Шабат шалом!

24 лістапада 2023

* * *

Калі хтосьці чакае верш,
значыць, сёння жыццё не спыніцца,
значыць, можна сказаць: „Вер!" —
і гара тая ў мора кінецца,
значыць, можна сказаць: „Будзь!" —
і быццю, а не толькі вершу,
значыць, пешую нашу хадзьбу
можна доўжыць і там — у памежжы,
у бязмежжы, у сцюжы начэй,
бездарожжы маўклівых расстанняў...
Калі хтосьці слову, яшчэ
не народжанаму, шле прывітанне.

30 лістапада 2023

* * *

Крышку вар'яцтва не перашкодзіць,
крышку абсурду — даніна модзе
(сёлета ў модзе вінтажны сюр —
файна дапоўніць любы гарнітур).

Крышку бязладдзя ў абвесным ладзе,
крышку бяссэнсіцы ў перакладзе
з мовы маёй на мову тваю.
Ты забіраеш, я аддаю.

Я аддаю, што ляжыць на паверхні.
Мне гэты скарб з працэнтамі верне
космас-банкір... і час-канваір
(проста са склада пегасаў і лір).

Азбукай Морзэ ў цэмент марозу
стукаем эпісталярную прозу,
каб зразумелі космас і час
крышку пра сэнс, крышку пра нас.

5 снежня 2023

* * *

Вулкі Вільні не ўспомняць хаду нашых ног,
гэтаксама як брук Яраслаўля і Ялты:
вулкі помняць адно (як старое віно) —
спёку жніўня. Астатняе — часу радно,
што ніяк не падзеляць славяне і балты.

Вулкі Мінска прывыклі ў далонях трымаць
толькі памяць халоднага полымя снежня.
Іншых фарбаў няма, гэты горад — зіма.
І ад гэтай зімы проціяддзя няма,
акрамя глыбіні, і віна, і бязмежжа.

9 снежня 2023

* * *

> Аказалася, столькі гадоў мы ішлі па вадзе...
> *Наста Кудасава*

Нам ісці па вадзе, ды ісці, ды ісці, ды ісці:
тут няма іншых спосабаў пераадольваць прастору,
тут няма іншых спосабаў быць — толькі крочыць па моры,
па бяздонным, бясслоўным, бяскрайнім, як белая ціш.
Кроч праз ціш, праз бясконцасць адчаю... Шляхамі радкоў.
Хто пратопча іх тут, акрамя твайго снежнага болю,
пяцістопнага болю?.. Прыступкі вядуць нас на волю.
І не важна — у высі імгненняў ці ў немасць вякоў.
З белым снегам рыфмуецца толькі чырвоная кроў.

11 снежня 2023

* * *

Не трэба засмечваць паліцы Сусвету паперай:
ён сам мае творчыя планы, разлікі, намеры,
ён любіць дакладнасць дэталяў і фраз лаканічнасць,
лагічнасць сюжэтаў, празрыстасць, класічнасць, рытмічнасць...
Захоўвай маўчанне, калі стала ціха ў паветры:
магчыма, ён думае... Цяжка жыць з геніем, з мэтрам.
Захоўвай спакой. Прыйдзе час — паздзіўляцца паспееш
і выгляд зрабіць, быццам ты яго твор разумееш.

14 снежня 2023

* * *

Разумець — не абавязкова.
Разуменне — пужлівых сховы —
хто пужаецца глыбіні,
вышыні, цішыні.
              Крані
свет далонямі без пальчатак —
гэты тайнапіс (сем пячатак!)
не для нашых тупых галоў.
Толькі дотыкам, толькі без слоў,
толькі смак, толькі слых, толькі нюх —
гэтак мацаюць глыбіню,
цішыню, вышыню па начах...
Пяць пачуццяў... Шостае — страх.

18 снежня 2023

* * *

Кожны дзень пачынаць з таго, што вучыцца хадзіць,
кожны раз разумець, што ты ў гэтай школе адзін.
Дакрануцца локцем няма да каго, хаця
часам можна намацаць шурпаты выступ жыцця,
нават вокам намацаць сэнсу пужлівы цень,
калі дыхаць вучыцца наноў кожны дзень,
                              кожны дзень...

22 снежня 2023

* * *

над напалоханым горадам па завядзёнцы
сціпла хаваецца ў коўдру пужлівае сонца
коўдру яму выдаваць не забаранілі
з колеру гэтых хрушчовак коўдру пашылі
(колер нямаркі) (пад аркаю іншамарка)
марка паштоўка канверт шыльда ПОДАРКИ
па завядзёнцы хаваецца ў коўдру маўчання
сціплы сусвет (абанент не адказвае) я не
плачу
магчыма нясціплае неба сваволіць
коўдра прадралася
дождж
памяняйце паролі

22 снежня 2023

* * *

Цішыня — гэта проста прыгожа,
нават больш, чым шолах папер.
Аскетычнасць формы памножыць
на змястоўнасць — і будзе шэдэўр.

Памнажай цішыню на студзень...
Белы шрыфт на белым лісце...
Слых на ўдых памнажай — і будзе
на марозе дыхаць прасцей.

Прыслухоўванне да знямелай
рэчаіснасці — мудры манеўр.
Белым шрыфтам на свеце белым
хтосьці моўчкі піша шэдэўр.

1 студзеня 2024

* * *

Зрабі інтанацыю роўнай: не трэба надрыву.
Хай стане аповед свабодным ад штампаў уплыву.
Хай лямпа высвечвае толькі няроўнасць паперы.
Стылістыка белага фону выхоўвае меры,
і рытму, і слоў пачуццё… Ці бясслоўя, мажліва.
Бясконцасць сінонімаў цішы збірай беражліва.
Мастацкага метаду сцюжы падлічвай прыкметы
(не белыя вершы, а белая проза Сусвету,
не мінус-прыёмы, а проста па Цэльсію мінус —
у шалік схавай сваю надта разумную міну).

Марозная проза жыцця — шматзначнасць прагалаў,
скразняк рэтардацый і насцеж адкрытых фіналаў…

9 студзеня 2024

* * *

Карэнне сонна мацае зямлю,
а голле стынь прасторы абдымае.
Праз сон я чую свет: я чуйна сплю.
Што снілася — раскажа лісце ў маі
на мове, зразумелай толькі мне.
У сне былі на іншай мове словы...
Калі ёсць лісце — не абавязкова
ўсе ведаць мовы: веданне міне,
а застанецца памяць снегу ў сне.

12 студзеня 2024

Дыптых

I

Свайму слыху дазволь быць наіўным хоць зрэдку,
каб пачуць, што за ляскатам дня — цішыня —
патаемны жаргон секты прымхлівых сведкаў
таго сэнсу, які па-за ляскатам дня.

Па-за голасам рэчаў — бы рэчыва голас —
патаемнае рэчыва льецца праз столь.
Свайму слыху дазволь быць і кволым, і голым,
свайму слыху наіўнасць быць слыхам дазволь.

11 студзеня 2024

II

Змястоўнасць маўчання праз шум пустаты,
змястоўнасць быцця (уласцівасць святых),
высокія ноты нябеснай самоты,
ды існасці подых, ды веліч істоты
найменшай, ды веліч заснежанай белі —
іх голас вымерваюць не дэцыбелы,
іх голас пачуе не слых, а здзіўленне —
прарыў у бязмернае вымярэнне.
ЯГО адзіноты надрыўныя ноты,
ЯГО да струны найтанчэйшае дотык,
маўчанне нябёсаў і космасу рокат —
каб чуць гэта, трэба наіўнасць прарока.

11 студзеня 2024

* * *

Расшыфроўваць шэдэўр вар'ята —
дактароў жыццязнаўства занятак.
Расшыфруйце, шаноўны спадар,
што я чую з аркестравай ямы
на працягу бясконцай драмы —
уверцюра тое ці марш
пахавальны, якога гукі
ў неба цягнуцца, быццам рукі.
А ў тым небе — адвечны знак —
залаты ў чорным моры човен.
Гэты студзень — глухі Бетховен,
гэты космас — сляпы мастак.
Слепата — геніяльнасць свету,
глухата — глыбіні прыкмета,
немасць — голас вышэйшых сфер.
А відушчым — глядзець і здзіўляцца,
а хто чуе — няхай авацыяй
сустракаюць вар'ята шэдэўр.

13 студзеня 2024

* * *

А недзе цяпер ранак,
камусьці яшчэ рана,
а тут у нас млосна і позна.
І ў целе жыцця рана.
І ў тэксце быцця пропуск.
Нямоднага жанру опус:
трагедый цяпер не пішуць.
Цяпер размаўляюць з цішшу.
Цяпер размаўляюць моўчкі.
У модзе ізноў прымочкі,
у модзе ізноў мікстуры,
народзіны, святы, хаўтуры,
вяселлі, заручыны, бойкі,
сімпозіумы (папойкі —
у перакладзе з грэцкай).
Абы чым-небудзь сагрэцца
сярод гэтай зімняй ночы,
абы не глядзець у вочы,
абы размаўляць моўчкі,
абы атрымаць пропуск,
абы не спыніўся глобус.

14 студзеня 2024

* * *

Я ведаю, што ў вашым свеце мне будзе няўтульна:
стамляюць камланні мяне, цырымоніі, гульні
(старыя, але кожны тыдзень па правілах новых),
ружовасць абсурду і пафас пяціпавярховы.
Мне ўтульна не ў гэтых фарматах, не ў гэтых пустотах,
а ў паўзах бясконцых, ферматах над кожнаю нотай,
без танных істэрык і словазлучэнняў дзяжурных,
хвастатых цытат з хрэстаматый, ігры на катурнах…
Мне ўтульны муаравы цень пераносных значэнняў,
мігценне сусветаў і сэнсы пастэльных адценняў.

18 студзеня 2024

* * *

Люблю дэпрэсіўны пейзаж значна больш за дэпрэсію.
Мастацтва хавае ў сабе пахавальных працэсій
сцэнар. Гэта хітрая сутнасць пароцкіх жаргонаў.
Так Ян Багаслоў зашыфроўваў у лічбах Нерона.
Так кожны паэт зашыфроўвае побыту скрыгат
у рытме і рыфме. Каб свет перакласці пакрыху
з жаргону бяссэнсіцы на зразумелую мову,
каб хтосьці з аматараў сэнсу пачуў хоць палову.

23 студзеня 2024

* * *

Не мае значэння бяссэнсіцы ўзровень,
больш важна, каб твару быў колер здаровы.
Здаровыя нервы, здаровы цынізм,
здаровы грамадскі ўвесь арганізм.

Не мауць значэння ніякія словы,
а мае значэнне ўзровень аховы
ад лішніх эксцэсаў, ад лішніх праяў
таго, што калісьці было тваім я.

Наіўныя людзі шукалі калісьці
таемнае выйсце аднекуль кудысьці.
Не ведалі людзі, што ў гэтым жыцці
шукаць трэба дзверы, каб добра ўвайсці.

Заходзь у вароты, вітайся з народам.
Не мае значэння, якой ты пароды.
На гэтых шыротах прывольна жыве
парода адна — былы чалавек.

28 студзеня 2024

* * *

Калі не атрымалася злавіць
за пухкі хвост страфы твой верш чарговы,
то гэта знак: не маюць сэнсу ловы,
няўлоўнасць у змястоўнасці ў крыві.

У клетках тэкстаў — слабыя звяры,
браты іх ходзяць у лясах таемных,
твой слых не здольны прыручыць іх рык.
Зямны звярынец слоўцаў — да пары.
Давеку — Слова дзікага надземнасць.

8 лютага 2024

* * *

У іерагліфіцы вечнасці
абрысы знаёмых літарак
шукай, каб зрабіць бяспечнай
атруту, па свеце разлітую.

Чарэпай чайнаю лыжкаю
бяздонне сусветнай драмы.
„Сёння сэнсы са зніжкамі!" —
акцыя ў нашай краме.

Атруту бяздоння чарэпай
і разлівай па шклянках.
У выкананні рэпера —
Апакаліпсіс Яна.

9 лютага 2024

* * *

Мы шукаем у мове таго, што не можа ў ёй жыць,
мы шукаем у слоўніку тое, што выкрасліў цэнзар.
І паэт проста ходзіць уздоўж той нябачнай мяжы,
той апошняй мяжы, за якою — апошнія сэнсы.

Тоўсты слоўнік пісаўся, каб сэнсы надзейна схаваць —
пахаваць і паставіць над трупамі велічны помнік.
І паэт над святымі магіламі — сумны паломнік,
і калышацца ў вусцішнай цішы нямая трава.

13 лютага 2024

* * *

Калі раптам у нейкі год Артаксеркса-цара
надакучыць урэшце тваім вачам сузіраць
гэты белы свет і ўсю яго светабель,
нейкім прэфіксам яго аддзялі ад сябе,
нейкім суфіксам сябе ад яго ўтвары
і сабе, самотнаму, на Пурым падары.
Нейкім злучнікам сябе далучы да сфер
немагчымага, як аднойчы зрабіла Эстэр.
І няхай скрыгоча зубамі Аман, няхай!
На кані аднойчы паедзе, як цар, Мардэхай.
Бо карысна граматыку белага свету вучыць:
што дзе вылучыць, што адасобіць і што далучыць...

16 лютага 2024

* * *

> Авель... першая ў доўгім спісе
> ахвяр, якую Біблія выняла з зямлі
> і вызваліла ад віны...
>
> *Рэнэ Жырар*

Каін і брат вывучалі ўдвух
адно майстэрства ўрача.
„У целе прасторы пульсуе дух,
які называецца час", —
так пісалі яны ў канспект
пад дыктоўку залеў.
Да світання трэба паспець
вывучыць кожны білет.
„...Пульс Сусвету трэба лічыць,
калі ў Сусвеце спакой..."
(Гэтак робяць усе ўрачы
на працягу вякоў.)
А калі ў Сусвеце вайна —
канспекты запозна браць.
У брата была адна віна:
ён быў Каіну брат.

23 лютага 2024

* * *

> ...Ён загадаў ім нікому не казаць, што бачылі, пакуль Сын Чалавечы не ўваскрэсне. Яны захавалі наказ, разважаючы між сабою, што значыць „уваскрэснуць".
>
> *Евангелле паводле Марка 9:9-10*

Разгадваць загадкі зрабілася звычкай:
вучыліся мы недарма.
Ды самай складанаю стала прытча,
дзе прытчы зусім няма.

Шукаць пераносныя сэнсы можна,
калі ты спасціг прамы...
Ды нават маўчанне на мове Божай
не ўлезе ў зямныя тамы.

24 лютага 2024

* * *

Вазьмі бяссэнсіцы расклад
(другі квартал жыцця бягучага)
і кінь крытычны свой пагляд
на гэтых лішніх рухаў кучу.

Які насычаны абсурд!
Тут яўна не хапае форткі —
папіць гарбаты ці мікстур.
Ці нават цішы кубак горкі.

Ці нават у жыцці хоць раз
злавіць хаця б той цень сумнення,
пакуль на твой дзень нараджэння
з букетам не прыйшоў маразм.

26 лютага 2024

* * *

> ...И голос возвращается, но говорить уже нечего.
> *Сабіна Брыло*

Лекцыя сёння пра мову бяздоння
(мову краіны пад назваю Дзесьці).
Толькі на гэтым сакрэтным жаргоне
(з кожнага сказа выслізгваюць дзесяць)
моваць анёлы, вар'яты і дзеці —
дзесьці. У невымаўляльным сусвеце.

Дзесьці (у невымяральным бязмер'і)
мовы анёльскай бязважкае пер'е
немасць прасторы агучвае беллем.
Дзесьці дэпрэсіі і катастрофы,
кашаль, самоту, жыццё і пахмелле
лечаць няхітра — вадкія строфы
з раніцы нашча. Чароўнае зелле!

Проста дабавіць голасу вадкасць
у распушчальныя сэнсы бязгучча...
Проста папера і проста асадка.
Проста быццё загадала загадку...
Так вымаўленню замежнаму вучаць.
Проста вучэнне бывае балючым.

1 сакавіка 2024

* * *

Я навучу цябе павольна жыць.
Дарма што час заточвае нажы,
жыві, як жвір на сонным узбярэжжы:
вада і сонца, хвалі і прамень...
Ідэйны змест жыцця — марудны цень:
ён ходзіць па Сусвеце толькі пешшу.

Чытай павольна тэксты цішыні.
Тырчаць па-над абрывам карані
сасны — як сімвал той бясслоўнай ролі,
што драматург пакінуў для сябе.
Па-над абрывам прыпыні свой бег.
Па гэтым болі рухайся паволі.

15 сакавіка 2024

* * *

> ...Калі пшанічнае зерне, упаўшы ў зямлю, не памрэ, то застанецца адно, а калі памрэ, то прынясе шмат плоду. <...> Ойча, праслаў імя Тваё!
>
> *Евангелле паводле Яна 12:24, 28*

Маліцца як у чэраве начэй?
— Імя Тваё праслаў, магутны Божа!
— Імя Маё праславіцца тым збожжам,
што хвалямі за гарызонт цячэ.
Для імені Майго няма імён,
апроч палёў пшанічнага дыхання,
апроч начэй, што нараджаюць ранне,
апроч раллі, што нараджае плён,
апроч быцця. Аз есмь. І больш няма,
апроч быцця, ніякага наймення,
як і таму маўкліваму насенню,
чый голас і магіле не стрымаць.

16 сакавіка 2024

* * *

> Ибо раз *голос* тебе, поэт,
> Дан, остальное — взято.
>
> *Марына Цвятаева*

Калі табе голас дадзены —
парадкуй гукаў бязладдзе,
сваёй манаршаю ўладай
бязладдзю бясслоўя дай рады.
Калі табе дадзены голас —
не страшна, калі ты голы
кароль без золата й плаціны:
жабрацтва слоў табе дадзена,
і белае золата болю,
і чорнае срэбра волі,
і поле, дзе ты — араты.

А ўсё астатняе ўзята.

21 сакавіка 2024

* * *

Пра ўсё, што нельга перадаць
у перакладзе чалавечым,
паміж сабой трава й вада
паразумеліся спрадвечна.

Траву скасі, ваду пралі,
жыццё спалі — палаюць дровы —
ты чужаземец на зямлі —
не зразумець тубыльцаў мовы.

Будуй дамы, пішы тамы,
адкормлівай на пашы статкі…
Ёсць словы, сэнс якіх прамы,
ды колькі цішай слых не мый —
не ўмесціш простасці разгадкі.

28 сакавіка 2024

* * *

Лекі ў надта вялікіх дозах
не палезуць хвораму ў рот —
упарадкаванасць хаосу
дадавай па тры лыжкі ў год.

Лыжку ў левую пашчу, у правую,
у сярэднюю — раз у трыместр —
у абмен на Арфея славу
(з Эўрыдыкаю ці замест).

Зачароўвай гукамі арфы
трохгаловае Цэрбераня.
Тры імгненні ў стагоддзе цар ты.
Тры страфы — гэта вам не жарты.
У Аідзе тры пробліскі дня.

7 красавіка 2024

* * *

На мове зашыфраванай,
жаргонам радкоў рыфмаваных
я гавару не з прафанамі —
з духамі, німфамі, фаўнамі.
Рытмаў чорным пункцірам
я выходжу ў эфір.
Слухайце, травы і рэкі!
Я — вашай немасці рэха,
вашых сноў пераклад,
я — ваш малодшы брат,
той марнатраўны сын,
што вярнуўся з пустынь —
брудны, галодны, голы.
Я —
     гэтай цішы голас.
Я — гэтай ночы вочы.
Я вінаваты, ойча!

24 красавіка 2024

* * *

...Таму што жыццё не з'яўляецца творам мастацтва,
таму што не трэба тут думаць, на чым спыняцца,
выкрэсліваць падрабязнасці, праўду дэталяў
прасочваць...
                    Без нас гэты свет ужо намалявалі
з усімі яго нелагічнасцямі ў пабудове
„духоўнага свету герояў", сюжэце і мове.
Бо мова тут не падлягае зусім перакладу,
не мае рэдактар над ёю ніякай улады.
І не нарадзіўся чытач яшчэ, крытык і знаўца,
каб твор гэты пальцамі ў белых пальчатках памацаць.

24 красавіка 2024

* * *

Гама — сем нот — сем лампадак няглых
у храме эстэтыкі вычварнай.
Тэма пяройдзе ў сваю супрацьлегласць,
калі варыяцыі вычарпаны.
Што нам рабіць, калі скончацца ноты,
бяссэнсіцу чым перакрыкваць?
Вычварны храм невычэрпнай самоты
поўны маўклівых рэліквій.
Голас хаосу — грозная проза...
Пекла халоднае полымя...
Не аддавайце ў вушы марозу
слова, па-райску голае!

11–12 мая 2023

Пасляслоўе

Не фігуры, не рыфмы, не тропы —
толькі ветру таемны шыфр,
толькі паўзы пасля шматкроп'яў,
толькі цішы снежная шыр.

Толькі там, за рытмам і метрам,
за страфой, за сцяной, за мяжой, —
шыфрам ветру, голасам мэтра...
Немагчыма... няможна... няўжо...

27 сакавіка 2024

ЗМЕСТ

„Мая ежа — у бязмежжы..."	7
„Прывітанне, жыццё! Як жывецца табе ў гэтым жыце..."	8
„Дзялілася целам са мною зямля..."	9
„Як незакончаны аўтапартрэт..."	10
„Як можна — у пекле..."	11
„Гарэў і не згараў..."	12
„Пакінь твой дом, зямлю бацькоў тваіх..."	13
„Зліцца з бяздонным фонам..."	14
„Зірнуўшы ў твар бяздоння, нельга..."	15
„Вада бывае рознай..."	16
„У літургічным календары..."	17
„Ступар хвілін і дзесяцігоддзяў..."	18
„Я люблю адгадваць загадкі..."	19
Срэбраныя алюзіі	20
I. „Як адчуванне непатрэбнасці..."	20
II. „Я буду чытаць старамодныя вершы..."	21
III. „Ты сам прыйшоў сюды, mon cher..."	22
IV. „Мне больш не балюча. Мне дзіўна..."	23
V. „Чаму старажытны вулкан..."	24
Чысты чацвер	25
Вялікдзень	26
I. „З каго — сем дэманаў — да той..."	26
II. „Усё, што мае адбыцца..."	27
„Сюжэт жыцця — няўлоўны, як прамень..."	28
„Любая мова — слэнг..."	29
„Напісаў клапатлівы хтосьці..."	30
„...А камень пакаціўся ўжо з гары..."	31
„...А вось пераказ сюжэта тыповага..."	32
„У гэтым свеце немагчымасцей..."	33
„У прывіднай віднаце..."	34
„Каб сем пячатак з кнігі зняць..."	35
„З аптэкарскімі вагамі сядзець..."	36
„падумаю пра гэта..."	37
Знак прарока Ёны	38

„Мастацтва ілюзіяніста..."	39
„Хоць і складаная гульня..."	40
„Я раптам палюбіў нязручнасці..."	41
„Гіпноз вышыні, памежжа..."	42
„Як па кавалачках цябе збіраць..."	43
„У лаканічнасці галактык..."	44
„У словатворчасць не веру..."	45
„На чвэрць хвіліны прыпыніцца..."	46
„Вучыцца тонкаму мастацтву..."	47
Інтэрмедыя	48
I. „Калі на зямлі нараджаецца Бог..."	48
II. „Вечарынка у калгасе..."	49
III. „Прапахлі гноем стайні часу..."	50
IV. „На аватарцы ў бота..."	51
V. „Свае бессэнсоўна..."	52
VI. „Нетрадыцыйная каштоўнасць..."	53
VII. „Намалюйце дзверы мне..."	54
VIII. „Як жа марудна я жыву!.."	55
IX. „Сальеры ў залатой вальеры..."	56
X. „Тэма прастрацыі..."	57
XI. „У акадэміі (ілжэнавук)..."	59
XII. „Не атрымалася Вас пазнаць..."	60
„Данос на вольную тэму..."	61
„Я не ведаю, як ствараецца..."	62
„Не ўсё, што ў свеце ёсць..."	63
„Свае гнёзды бачаць з нябёс..."	64
Боль	65
„Каб словы не заўважылі ў радку..."	66
„Правапіс Танаха як узор..."	67
„Заціснуць вушы, каб пачуць..."	68
„Разумей, як хочаш, мае радкі..."	69
„Маўчы не пра мяне — са мной маўчы..."	70
„На ўскрайку Вавілона лесапарк..."	71
„Ты любіш гартаць раз-пораз..."	72
„Павыкідаць з маўлення *фразы*..."	73
„Мастацтва чытання..."	74
„Пад пальцамі — гладкасць паперы..."	75

„Твой свет адчуў, што можа без цябе…"	76
Косць	77
I. „Прыгажосць — гэта дух, што сышоў на ўсялякую плоць…"	77
II. „Свет — бяздомны галодны сабака, дык кінь яму косць…"	78
„Як ствараўся калісьці Сусвет…"	79
„Не можа цар зямны катацца на асле…"	80
„Трыццаць праклёнаў…"	81
„Як пальцы ветру ў тонкім вецці…"	82
„Не намагайся прымяраць…"	83
„Агонь для саломы — канец…"	84
„І, можа, хацеў бы ахвяру прынесці…"	85
„Нябёсаў вадкасць, сонца меднасць…"	86
„як подых шэпту…"	87
„Пашырыліся дзіркі між людзей…"	88
„Я прыйшоў у зямлю з гарадамі, якія паўсталі…"	89
„Сусвету слоік лыжкай мернаю…"	90
„За нас тут усё стварылі…"	91
„Час — гэта…"	92
„глыбей за дно…"	93
„Як гэта ўсё пішацца…"	94
„Справа налева пісаўся зыход…"	95
„Паэты не пішуць аднолькавых вершаў…"	96
„У Царстве Нябесным няма велічынь…"	97
Без імені	98
I. „Як бліскучы каштан, што лянiва глядзіць у нябёсы…"	98
II. „Няўзнак асенняя бяссэнсіца…"	99
III. „У мове скончыліся словы…"	100
IV. „Нельга Слова на слове злавіць…"	101
V. „Устрымацца ад слоў, калі словы зрабіліся лісцем…"	102
„Гэтага веку крэда…"	103
„Бог не існуе — Ён Само-Быццё…"	104
„Мы, паэты, народ суровы…"	105
„Дна не маюць быцця глыбіні…"	106
„Што ні дай дзіцяці…"	107
„Вазьмі сачок, ідзі палюй…"	108

„Недзе ёсць тыя формулы цуду..."	109
„Калі хтосьці чакае верш..."	110
„Крышку вар'яцтва не перашкодзіць..."	111
„Вулкі Вільні не ўспомняць хаду нашых ног..."	112
„Нам ісці па вадзе, ды ісці, ды ісці, ды ісці..."	113
„Не трэба засмечваць паліцы Сусвету паперай..."	114
„Разумець — не абавязкова..."	115
„Кожны дзень пачынаць з таго, што вучыцца хадзіць..."	116
„над напалоханым горадам па завядзёнцы..."	117
„Цішыня — гэта проста прыгожа..."	118
„Зрабі інтанацыю роўнай: не трэба надрыву..."	119
„Карэнне сонна мацае зямлю..."	120
Дыптых	121
I. „Свайму слыху дазволь быць наіўным хоць зрэдку..."	121
II. „Змястоўнасць маўчання праз шум пустаты..."	122
„Расшыфроўваць шэдэўр вар'ята..."	123
„А недзе цяпер ранак..."	124
„Я ведаю, што ў вашым свеце мне будзе няўтульна..."	125
„Люблю дэпрэсіўны пейзаж значна больш за дэпрэсію..."	126
„Не мае значэння бяссэнсіцы ўзровень..."	127
„Калі не атрымалася злавіць..."	128
„У іерагліфіцы вечнасці..."	129
„Мы шукаем у мове таго, што не можа ў ёй жыць..."	130
„Калі раптам у нейкі год Артаксеркса-цара..."	131
„Каін і брат вывучалі ўдвух..."	132
„Разгадваць загадкі зрабілася звычкай..."	133
„Вазьмі бяссэнсіцы расклад..."	134
„Лекцыя сёння пра мову бяздоння..."	135
„Я навучу цябе павольна жыць..."	136
„Маліцца як у чэраве начэй?.."	137
„Калі табе голас дадзены..."	138
„Пра ўсё, што нельга перадаць..."	139
„Лекі ў надта вялікіх дозах..."	140
„На мове зашыфраванай..."	141
„...Таму што жыццё не з'яўляецца творам мастацтва..."	142
„Гама — сем нот — сем лампадак нягеглых..."	143
Пасляслоўе	144

Алесь Дуброўскі-Сарочанкаў
(Аляксандр Дуброўскі) — паэт, філолаг, тэолаг. Аўтар кніг паэзіі „Паміж небам і багнаю" (1997), „Эстэтыка маўчання" (2011), „На тонкай ніточцы" (2021), „Літургія часу" (Skaryna Press, 2023), манаграфіі „Паэтыка Рыгора Барадуліна: рытмічная арганізацыя верша" (2006), зборнікаў багаслоўскіх даследаванняў і рэлігійнай публіцыстыкі.

www.ingramcontent.com/pod-product-compliance
Lightning Source LLC
Chambersburg PA
CBHW072056110526
44590CB00018B/3202